für Pfr. Klaus-Michael Scheele

Claudia Sperlich

Hymnarium

lateinische Hymnen der Kirche
neu übersetzt

zweisprachige Ausgabe

© 2016 Claudia Sperlich
Verlag: tredition GmbH, Hamburg

Einband: Bearbeitung eines Bildes aus dem Codex Bruchsal:
Christus Pantokrator, um 1220,
Badische Landesbibliothek, Karlsruhe

Paperback ISBN 978-3-7345-1244-5
Hardcover ISBN 978-3-7345-1245-2
e-Book   ISBN 978-3-7345-1246-9

Printed in Germany

Inhaltsverzeichnis

Vorwort

Dies Buch ist keine vollständige Hymnensammlung; ich habe nur einige der schönsten Hymnen aus dem Schatz der katholischen Kirche übertragen. Dabei kopiere ich nicht immer das Metrum der Originale. Auf Reime verzichte ich, da das Lateinische viel reimfreudiger ist als das Deutsche und eine Kopie des Reimschemas oft gezwungen klingt.

Zwei der hier vorgestellten Werke sind keine Hymnen, keine Preislieder, – das 24. Lied der *Carmina Burana* handelt von der Hinfälligkeit der Welt, und *Omnis mundi creatura* des Alanus ab Insulis beschreibt die Vergänglichkeit des Menschen. Beide Lieder beinhalten die Aufforderung zu einem christlichen, von materiellen Werten unbeeindruckten Leben. Ich habe sie aufgenommen, weil ich auch hierin eine Form des Gotteslobes sehe – und weil ich sie schön finde und sonst nicht weiß, wohin damit.

Das mittelalterliche Latein wurde anders geschrieben als das klassische; so wurden æ und œ zu e, t und c vor hellen Vokalen zu z. Die klassische Schreibweise ist aber seit der Renaissance wieder üblich und wird (leider) auch im Brevier und im Graduale angewandt. Dadurch ist sie vielen Lateinkundigen weit geläufiger als die Schreibweise der Originale, und so habe ich sie widerwillig übernommen.

Die Doxologien am Ende einiger Hymnen sind spätere Zutaten; ich habe die Doxologien nur dort übernommen, wo sie vermutlich schon im Original verwendet wurden.

Ich habe im Übrigen bei allen Hymnen versucht, spätere Textabweichungen zu vermeiden, habe aber weder die Fähigkeit noch die Zeit, hier noch größere Pingelei aufzuwenden als bei Wortwahl und Metrum meiner Übertragungen.

Nach den vielen lateinischen Hymnen bilden den Abschluss dieser Sammlung drei Gesänge in neueren Sprachen. Zu Wort kommen die Kirchenlehrer Alfonso Maria de Liguori und Thérèse de Lisieux sowie eine fast unbekannte Autorin des 19. Jhs., C. Maude Battersby.

Ambrosius von Mailand
339-397

Ambrosius verdanken wir einige der schönsten Hymnen. Sein Stil –
Strophen zu vier vierhebigen jambischen Versen – wurde oft kopiert.
Nur bei vier Hymnen ist seine Urheberschaft eindeutig von Augusti-
nus (354-430) bezeugt, bei *Æterna Christi munera* (Die ewge Gnade
unsres Herrn) und *Splendor paternæ gloriæ* (Glanz von des Vaters
Herrlichkeit) wahrscheinlich, bei vielen zweifelhaft oder ausge-
schlossen. Unter der Überschrift *Ambrosianische Hymnen* stehen ei-
nige der letzten Gruppe.

Æterne rerum conditor,
Noctem diemque qui regis
Et temporum das tempora,
Ut alleves fastidium.

Præco diei iam sonat,
Noctis profundæ pervigil,
Nocturna lux viantibus,
A nocte noctem segregans.

Hoc excitatus lucifer
Solvit polum caligine.
Hoc omnis erronum chorus
Viam nocendi deserit.

Hoc nauta vires colligit
Pontique mitescunt freta.
Hoc ipsa petra ecclesiæ
Canente culpam diluit.

Surgamus ergo strenue!
Gallus iacentes excitat
Et somnolentos increpat,
Gallus negantes arguit.

Gallo canente spes redit,
Ægris salus refunditur,
Mucro latronis conditur,
Fides lapsis revertitur.

Iesu, labantes respice
Et nos videndo corrige.
Si respicis, lapsus cadunt
Fletuque culpa solvitur.

Der Dinge ewger Schöpfer Du,
Die Nacht beherrschst Du und den Tag,
Du gibst den Jahreszeiten Zeit
Und milderst so den Überdruß.

Des Tages Herold ruft schon aus,
Der wachsam ist in tiefer Nacht,
Der Nachts den Wanderern ist Licht,
Indem er sondert Nacht von Nacht.

Da löst erwachter Morgenstern
Den Himmel aus der Finsternis,
Da lässt die Vagabundenschar
Von unheilvollen Wegen ab.

Da schöpft der Seemann neue Kraft,
Und Meereswogen legen sich,
Da wird vorm Künder seiner Schuld
Der Fels der Kirche selber weich.

So lasst uns aufstehn, tätig sein,
Die Ruhenden erweckt der Hahn,
Die Schläfrigen ermuntert er,
Die Leugner überführt der Hahn.

Vom Hahnenschrei geht Hoffnung aus,
Das Heil wird Kranken neu geschenkt,
Geborgen wird des Räubers Schwert,
In Sündern wird der Glaube neu.

Jesus, sorg Du für den, der fällt,
Und leite uns durch Deinen Blick;
Wenn Du sorgst, sinken Sünden hin,
In Tränen wird die Schuld gelöst.

...

11

Tu lux refulge sensibus,
Mentisque somnum discute.
Te nostra vox primum sonet,
Et ore psallamus tibi.

Sit, Christe, rex piissime,
Tibi Patrique gloria
Cum Spiritu Paraclito,
In sempiterna sæcula.

Iam surgit hora tertia,
Qua Christus ascendit crucem,
Nil insolens mens cogitet
Intendat affectum precis.

Qui corde Christum suscipit,
Innoxium sensum gerit
Votisque præstat sedulis
Sanctum mereri Spiritum.

Hæc hora quæ finem dedit
Diri veterno criminis,
Hinc iam beata tempora
Cœpere Christi gratia.

Iesu, tibi sit gloria,
Qui morte victa prænites,
Cum Patre et almo Spiritu
In sempiterna sæcula.

Du Licht, strahl in den Sinnen auf
Vertreibe unsres Geistes Schlaf.
Dich nenne unser erstes Wort,
Und unser Loblied gelte Dir.

Du gnadenvoller König Christ,
Preis sei Dir und dem Vater, Preis
Dem Tröster auch, dem Heilgen Geist,
Jetzt und in alle Ewigkeit.

Schon hebt die dritte Stunde an,
Da Christus aufstieg an dem Kreuz.
Der Geist erwäge nichts im Stolz,
Er lenke Neigung zum Gebet.

Wer Christus in dem Herzen trägt,
Hegt einen makellosen Sinn,
In zuversichtlichem Gebet
Zeigt er sich Heilgen Geistes wert.

Die Stunde hat den Tod gebracht
Dem Unrat grauenhafter Schuld,
Schon angebrochen ist seitdem
Durch Christi Gnade sel'ge Zeit.

Jesus, Du hast den Tod besiegt,
Du überstrahlst ihn: Ehre Dir,
Dem Vater und dem Heilgen Geist
Jetzt und in alle Ewigkeit.

Deus creator omnium
Polique rector, vestiens
Diem decoro lumine,
Noctem soporis gratia.

Artus solutos ut quies
Reddat laboris usui
Mentesque fessas allevet
Luctusque solvat anxios.

Grates peracto iam die
Et noctis ex ortu preces,
Voti reos ut adiuves
Hymnum canentes solvimus.

Te cordis ima concinant,
Te vox canora concrepet,
Te diligat castus amor,
Te mens adoret sobria.

Ut cum profunda clauserit
Diem caligo noctium,
Fides tenebras nesciat
Et nox fideli luceat.

Dormire mentem ne sinas,
Dormire culpa noverit;
Castos fides refrigerans
Somni vaporem temperet.

Exuta sensu lubrico
Te cordis alta somnient,
Ne hostis invidi dolo
Pavor quietos suscitet.

Gott, Du bist Schöpfer allen Seins,
Des Himmels Lenker, der den Tag
Bekleidet mit dem schönen Licht,
Die Nacht mit gnadenvollem Schlaf,

Daß die erschöpften Glieder ruhn,
Um zu erstarken für das Werk,
Daß sich erholt der müde Geist
Und daß sich Angst und Trauer löst.

Wir bringen dar mit Hymnensang
Den Dank für nun vollbrachten Tag,
Gebete zu Beginn der Nacht,
Und flehen, daß Du Sündern hilfst.

Der Herzensgrund erklinge Dir,
Der Stimme Wohlklang töne Dir,
Die keusche Liebe liebe Dich,
Dich bete nüchtern an der Sinn,

Daß, wenn den Tag beschlossen hat
Die tiefe Finsternis der Nacht,
Der Glaube doch kein Dunkel kennt,
Und Nacht den Glauben widerstrahlt.

Nicht lasse schlafen das Gemüt,
Doch finde Schlaf die Schuld. Dann bringt
Der Glaube Kühlung keuschem Sinn,
In Schlafes Hitze Linderung.

Die Herzenstiefe träume Dich,
Vom schwanken Sinne losgesagt,
Daß nicht durch Feindes Neid und List
Die Angst die Ruhenden erschreckt.

...

Christum rogemus et Patrem,
Christi Patrisque Spiritum,
Unus potens per omnia,
Fove precantes, Trinitas.

Intende, qui regis Israel,
Super cherubim qui sedes,
Appare Ephrem coram, excita
Potentiam tuam et veni.

Veni, redemptor gentium,
Ostende partum virginis;
Miretur omne sæculum,
Talis decet partus Deum.

Non ex virili semine,
Sed mystico spiramine
Verbum Dei factum est caro
Fructusque ventris floruit.

Alvus tumescit virginis,
Claustrum pudoris permanet,
Vexilla virtutum micant,
Versatur in templo Deus.

Procedat e thalamo suo
Pudoris aula regia
Geminæ gigas substantiæ,
Alacris ut currat viam.

Zu Christus und zum Vater lasst
Uns flehen und zu beider Geist,
Zum Einen, der die Beter nährt -
Allmächtige Dreifaltigkeit.

Hör uns, Du Hirte Israels,
Der Du auf Cherubinen thronst,
Erscheine Du in Ephraim,
Erwecke Deine Macht und komm.

Erlöser aller Völker, komm,
Mach offenbar der Jungfrau Kind;
Die ganze Welt verwundre sich -
So soll der Herr geboren sein.

Aus eines Mannes Samen nicht,
Doch aus geheimnisvollem Hauch
Ist Fleisch geworden Gottes Wort
Und ist als Leibesfrucht erblüht.

Der Leib der Jungfrau wölbt sich hoch,
Die Keuschheit aber bleibt bewahrt,
Der Tugend Fahnen strahlen auf,
Dem Tempel wendet Gott sich zu.

Er tritt hervor aus dem Gemach,
Der Keuschheit königlichem Saal,
Zweifach gewalt'ge Wesenheit,
Und freudig eilt Er Seinen Weg.

...

Egressus eius a patre,
Regressus eius ad patrem,
Excursus usque ad inferos,
Recursus ad sedem Dei.

Æqualis æterno patri,
Carnis tropæo cingere,
Infirma nostri corporis
Virtute firmans perpeti.

Præsepe iam fulget tuum
lumenque nox spirat suum,
Quod nulla nox interpolet
Fideque iugi luceat.

Æterna Christi munera
Et Martyrum victorias
Laudes ferentes debitas
Lætis canamus mentibus.

Ecclesiarum principes,
Belli triumphales duces,
Cælestis aulæ milites
Et vera mundi lumina.

Terrore victo sæculi
Pœnisque spretis corporis
Mortis sacræ compendio
Lucem beatam possident.

Er geht von Seinem Vater aus,
Zu Seinem Vater kehrt Er heim,
Er steigt hinab zur Unterwelt,
Er kehrt zurück zu Gottes Thron.

Er ist dem ewgen Vater gleich,
Ist zeichenhaft in Fleisch gehüllt,
Er festigt unsern schwachen Leib
Mit Tugend und Beständigkeit.

Schon schimmert Deine Krippe hell,
Die Nacht belebt sich durch ihr Licht,
Das keine Nacht verfälschen soll -
Im steten Glauben leuchte es.

Die ewge Gnade unsres Herrn
Und auch den Sieg der Märtyrer
Besingen wir mit frohem Sinn
Und bringen rechten Lobpreis dar.

Sie sind der Kirche Fürsten, sie
Sind Feldherrn, ehrenvoll im Krieg,
Soldaten für den Himmelssaal,
Und wahre Leuchten dieser Welt.

Sie überwanden Schreckenszeit,
Verachteten des Leibes Qual.
Aus heil'gem Tode kam Gewinn:
Nun wohnen sie im sel'gen Licht.

...

Traduntur igni martyres
Et bestiarum dentibus,
Armata sævit ungulis
Tortoris insani manus.

Nudata pendent viscera,
Sanguis sacratus funditur,
Sed permanent immobiles
Vitæ perennis gratia.

Devota sanctorum fides,
Invicta spes credentium,
Perfecta Christi caritas
Mundi triumphat principem.

In his paterna gloria,
In his voluntas spiritus,
Exsultat in his filius.
Cælum repletur gaudio.

Te nunc, redemptor, quæsumus,
Ut martyrum consortio
Iungas precantes servulos
In sempiterna sæcula.

Splendor paternæ gloriæ,
De luce lucem proferens,
Lux lucis et fons luminis,
Diem dies illuminans,

Dem Feuer übergibt man sie,
Den Fängen wilder Tiere auch,
Die Waffe in des Henkers Hand,
Die Kralle reißt sie voller Wut.

Die Eingeweide liegen bloß,
Vergossen ist das heil'ge Blut -
Sie harren unerschütterlich
Auf gnadenvolle Ewigkeit.

Ergebner Glaube Heiliger,
Der Frommen Hoffnung, ungebeugt,
Vollkommnes Liebeswerk des Herrn
Besiegt den Fürsten dieser Welt.

Die väterliche Herrlichkeit,
Des Geistes Willenskraft, der Sohn
Springt auf im Jubel über sie.
Die Freude füllt den Himmel aus.

Wir bitten Dich, Erlöser, nun,
Vereine mit der Zeugen Schar
Die jungen Knechte im Gebet
Von Ewigkeit zu Ewigkeit.

Glanz von des Vaters Herrlichkeit,
Du bringst aus Licht das Licht hervor,
Des Lichtes Licht, der Leuchte Quell,
Du Tag, den Tag erleuchtest Du.

...

Verusque sol, illabere
Micans nitore perpeti
Iubarque sancti spiritus
Infunde nostris sensibus.

Votis vocemus et patrem,
Patrem perennis gloriæ,
Patrem potentis gratiæ
Culpam releget lubricam.

Informet actus strenuos,
Dentem retundat invidi,
Casus secundet asperos,
Donet gerendi gratiam.

Mentem gubernet et regat
Casto, fideli corpore,
Fides calore ferveat,
Fraudis venena nesciat.

Christusque noster sit cibus,
Potusque noster sit fides,
Læti bibamus sobriam
Ebrietatem Spiritus.

Lætus dies hic transeat,
Pudor sit ut diluculum,
Fides velut meridies,
Crepusculum mens nesciat.

Aurora cursus provehit,
Aurora totus prodeat,
In patre totus filius
Et totus in verbo pater.

Du wahre Sonne, die erglänzt
In steter Helle, komm herab,
Du, Heilgen Geistes Himmelslicht,
In unsre Sinne ströme ein.

Zum Vater lasst uns rufen auch,
Dem Vater ewger Herrlichkeit,
Dem Vater, der voll Gnade herrscht,
Er banne Schuld, die uns verführt.

Entschlossne Taten lehre Er,
Er mache stumpf des Neiders Zahn,
Er stehe bei in hartem Fall,
Er schenke Gnade unserm Tun.

Er lenke das Gemüt als Herr
In einem keuschen, treuen Leib;
Der Glaube sei wie Feuersglut,
Er kenne nicht Betruges Gift.

Und Christus sei für uns das Mahl,
Und unser Glaube unser Trank,
Wir laben freudig uns am Geist,
An Trunkenheit, die nüchtern ist.

Der frohe Tag zieht nun vorbei,
Die Keuschheit sei wie Morgenlicht,
Der Glaube wie der helle Tag,
Die Dämmrung dem Gemüte fremd.

Das Morgenrot nimmt seinen Lauf,
Wie Morgenrot kommt Er heran,
Im Vater ist Er ganz der Sohn
Und ganz der Vater in dem Wort.

Ambrosianische Hymnen

Im Stil des Ambrosius wurden bis weit in die Neuzeit unzählige lateinische Hymnen gedichtet. Unter dieser Vielzahl ist nicht alles gleich gut; ich stelle eine kleine Auswahl besonders gelungener Hymnen vor.

Die Brevierfassungen einiger Hymnen sind verkürzt und zum Teil trivialisiert. Ich habe sie daher nicht übernommen. Nur dem Hymnus *Aurora lucis rutilat* habe ich die Brevierfassung *Aurora cælum purpurat* nachgestellt, eine von Papst Urban VIII (1568-1644) verfasste Abwandlung des alten Hymnus.

Aurora lucis rutilat,
Cælum laudibus intonat,
Mundus exsultans iubilat,
Gemens infernus ululat,

Cum rex ille fortissimus
Mortis confractis viribus
Pede conculcans tartara
Solvit catena miseros.

Ille, qui clausus lapide
Custoditur sub milite,
Triumphans pompa nobili
Victor surgit de funere.

„Solutis iam gemitibus
Et inferni doloribus
Quia surrexit Dominus"
Splendens clamat angelus.

Tristes erant apostoli
De nece sui Domini,
Quem pœna mortis crudeli
Sævi damnarunt impii.

Sermone blando angelus
Prædixit mulieribus:
„In Galilæa Dominus
Videndus est quantocius."

Illæ dum pergunt concite
Apostolis hoc dicere,
Videntes eum vivere
Osculant pedes Domini.

Der Morgen glänzt wie rotes Gold,
Der Himmel schallt von Lobgesang,
Und jubelnd springt die Erde auf,
Es stöhnt und heult die Unterwelt,

Da als der stärkste König Er,
Da Todes Macht gebrochen ist,
Mit Seinem Fuß die Hölle zwingt,
Die Armen aus den Fesseln löst.

Den eingeschlossen hielt der Stein,
Der von Soldaten war bewacht,
Der triumphiert in edler Pracht,
Ersteht als Sieger aus dem Grab.

„Beglichen sind die Seufzer nun
Und alle Pein der Unterwelt,
Da auferstanden ist der Herr!"
So ruft der Engel strahlend aus.

Betrübt war die Apostelschar,
Ihr Herr war tot, verurteilt hat
Zu roher Todesstrafe Ihn
Die ungerechte Dienerschaft.

Der Engel sprach in sanftem Ton,
Den Frauen sagte er voraus:
„In Galiläa ist der Herr,
ihr könnt Ihn sehen, geht nur schnell."

Sie brachen auf mit raschem Schritt,
Dies den Aposteln kundzutun,
Und da sie sahen, daß Er lebt,
Des Herren Füße küssten sie.

...

Quo agnito discipuli
In Galilæa propere
Pergunt videre faciem
Desideratam Domini.

Claro paschali gaudio
Sol mundo nitet radio,
Cum Christum iam apostoli
Visu cernunt corporeo.

Ostensa sibi vulnera
In Christi carne fulgida
Resurrexisse Dominum
Voce fatentur publica.

Rex Christe clementissime,
Tu corda nostra posside,
Ut tibi laudes debitas
Reddamus omni tempore.

Aurora cælum purpurat,
Æther resultat laudibus,
Mundus triumphans iubilat,
Horrens Avernus infremit,

Rex ille dum fortissimus
De mortis inferno specu
Patrum senatum liberum
Educit ad vitæ iubar.

Die Jünger hatten's kaum gehört,
Da brachen sie in Eile auf
Nach Galiläa, um zu seh'n
Des Herrn ersehntes Angesicht.

Die Sonne glänzt mit reinem Strahl,
Von österlicher Freude hell:
Da Christus die Apostel schon
Anseh'n in leiblicher Gestalt.

Die Wunden hatte Er gezeigt,
Die leuchteten an Christi Leib -
Sie haben öffentlich bekannt,
Daß auferstanden ist der Herr.

Du milder König Christus, nimm
Von unsern Herzen Du Besitz,
Dir sei gebührend unser Lob
Für alle Zeiten dargebracht!

Den Himmel rötet Morgenlicht,
Die Luft tönt wider von dem Lob,
Und jubelnd triumphiert die Welt,
Und schaudernd bebt die Unterwelt,

Da jener König voller Kraft
Hinauf aus Todes tiefem Schacht
Der Väter freie Scharen führt
Hinauf zum Leben und zum Licht.

...

Cuius sepulchrum plurimo
Custode signabat lapis,
Victor triumphat et suo
Mortem sepulchro funerat.

„Sat funeri, sat lacrimis,
Sat est datum doloribus!
Surrexit exstinctor necis!"
Clamat coruscans angelus.

Ut sis perenne mentibus
Paschale, Iesu, gaudium,
A morte dira criminum
Vitæ renatos libera!

Deo patri sit gloria
Et filio, qui a mortuis
Surrexit, ac paraclito
In sempiterna sæcula.

Iam lucis orto sidere,
Deum precemur supplices,
Ut in diurnis actibus
Nos servet a nocentibus.

Linguam refrenans temperet,
Ne litis horror insonet,
Visum fovendo contegat,
Ne vanitates hauriat.

Der, dessen Ruhestatt ein Stein
Versiegelt hielt als starke Wacht,
Er triumphiert als Sieger, Er
Begräbt den Tod in Seinem Grab.

„Genug ist durch Grab bezahlt,
Durch Tränen und durch Schmerz genug!
Des Todes Tilger - Er erstand!"
So ruft der Engel strahlend aus.

Daß, Jesus, jedem Herzen Du
Zur steten Osterfreude wirst,
Befrei von bösem Tod in Schuld,
Die für das Leben neu geborn.

Preis sei dem Vater, unserm Gott,
Dem Sohn, der auferstanden ist
Vom Tode, und dem Tröster auch
Von Ewigkeit zu Ewigkeit.

Schon steigt herauf das Lichtgestirn -
Lasst uns zu Gott in Demut flehn,
Daß Er uns in des Tages Werk
Bewahr vor dem, was Unheil bringt.

Die Zunge halte Er im Zaum,
Daß keines Streites Rauhheit tönt;
Zur Hege schirme Er den Blick,
Daß er nicht Eitelkeiten trinkt.

...

Sint pura cordis intima,
Absistat et vecordia:
Carnis terat superbiam
Potus cibique parcitas.

Ut cum dies abscesserit,
Noctemque sors reduxerit,
Mundi per abstinentiam
Ipsi canamus gloriam.

Christe, Redemptor omnium,
Ex Patre, Patris unice,
Solus ante principium
Natus ineffabiliter,

Tu lumen, tu splendor patris,
Tu spes perennis omnium,
Intende quas fundunt preces
Tui per orbem servuli.

Salutis auctor, recole,
Quod nostri quondam corporis
Ex illibata virgine
Nascendo, formam sumpseris.

Hic præsens testatur dies
Currens per anni circulum,
Quod solus a sede patris
Mundi salus adveneris.

Rein sei des Herzens tiefster Grund,
Auch bleibe fern die Unvernunft;
Zerrieben wird des Fleisches Stolz
Durch Sparsamkeit an Trank und Mahl,

Daß, wenn der Tag vergangen ist
Und unser Los bringt wieder Nacht,
Wir rein sind durch Enthaltsamkeit
Und daß wir singen Ihm zum Preis.

Christus, Erlöser aller Welt,
Des Vaters einz'ger Sohn, aus Ihm
Geboren vor dem Anbeginn
Und unbegreiflich - Du allein,

Du Licht, des Vaters Abglanz Du,
Du ewge Hoffnung aller, hör
Die Bitten, die auf aller Welt
Dir Deine Diener vorgebracht.

Des Heiles Gründer, sei gedenk:
Einst nahmst Du an des Leibs Gestalt,
Da Du geboren bist von der,
Die unversehrte Jungfrau war.

Der gegenwärtge Tag durchläuft
Den Jahreskreis, und er bezeugt,
Daß Du allein zum Heil der Welt
Vom Thron des Vaters kommen wirst.

...

Hunc cælum, terra, hunc mare,
Hunc omne, quod in eis est,
Auctorem adventus tui
Laudat exsultans cantico.

Nos quoque, qui sancto tuo
Redempti sumus sanguine,
Ob diem natalis tui
Hymnum novum concinimus.

Verbum supernum prodiens
A Patre lumen exiens,
Qui Natus orbi subvenis
Cursu declivi temporis.

Illumina nunc pectora
Tuoque amore concrema;
Audita per præconia
Sint pulsa tandem lubrica.

Iudexque cum post aderis
Rimari facta pectoris,
Reddens vicem pro abditis
Iustisque regnum pro bonis,

Non demum artemur malis
Pro qualitate criminis,
Sed cum beatis compotes
Simus perennes cælites.

Dann jubeln Himmel, Erde, Meer
Und alles, was in ihnen ist,
Den Gründer Deiner Wiederkunft
Und loben Ihn mit ihrem Lied.

Wir auch, von Deines Heilgen Blut
Sind wir erkauft, so singen wir
Im Einklang Dir ein neues Lied
An diesem Tag Deiner Geburt.

Du Wort des Himmels trittst hervor,
Du Licht gehst von dem Vater aus,
Als Sohn stehst Du dem Erdkreis bei,
Da sich der Lauf der Zeiten neigt.

Erhelle nun die Herzen und
Lass Deine Liebe sie verglühn;
Verkündigung, die wir gehört,
zerschlage endlich jeden Trug.

Du wirst als Richter kommen und
Des Herzens Taten prüfen, dann
Gibst Du für finstre Gleiches, und
für gute Redlichen Dein Reich.

Nicht nach den Sünden miss uns zu,
Nicht nach dem Maß der Übeltat,
Doch mit den Sel'gen wollen wir
des Himmels Erben ewig sein.

...

Te lucis ante terminum
Rerum Creator, poscimus,
Ut pro tua clementia
Sis præsul et custodia.

Procul recedant somnia,
Et noctium phantasmata,
Hostemque nostrum comprime,
Ne polluantur corpora.

Præsta, Pater piissime,
Patrique compar Unice,
Cum Spiritu Paraclito
Regnans per omne sæculum.

Dich, der von grenzenlosem Licht,
Dich Weltenschöpfer bitten wir,
Daß Du in Deiner Freundlichkeit
Gebieter seist und unser Schutz.

Weit fliehe fort das Traumgespinst
Und nächtliche Dämonenschar,
Und halte nieder unsern Feind,
Daß nicht befleckt sei unser Leib.

Gewähr dies, treuester Vater Du,
Du einz'ger Sohn, dem Vater gleich,
Der mit dem Tröstergeiste herrscht
Von Ewigkeit zu Ewigkeit.

Aurelius Prudentius Clemens
348-413

Prudentius lebte als Jurist und Schriftsteller in Spanien. Seine Hymnen fasste er im Kathemerinon zusammen. Sie sind wegen ihrer Länge ursprünglich wohl nicht für den kirchlichen Gottesdienst, sondern für private Andacht geschrieben.

Prudentius liebt Wortspiele und Nebenbedeutungen; es ist nicht möglich, die Schönheit seiner Hymnen vollständig zu übertragen.

Die Zeitangabe für die Matutin-Hymnen ist *Ad galli cantum, Zum Hahnenschrei.* Der Hahnenschrei wird dabei einerseits als Zeitangabe verstanden, andererseits als Hinweis auf Sündhaftigkeit und Umkehr, mit Bezug auf die in allen Evangelien erwähnte Verleugnung des Herrn durch Petrus. Aber die Art, wie Prudentius morgendlichen Vogelgesang beschreibt, schließt den Haushahn in den ersten Strophen aus: Vögel, die vom Gipfel *(culmen)* her singen, sind keine Hühnervögel. (Culmen kann zwar auch für Dachgiebel stehen, aber nicht, wenn er gleich darauf als Ort des Sonnenaufgangs bezeichnet wird.) Auch gebraucht er zunächst die Wörter *ales* (eigtl. Flügel, poetisch oft für Vogel) und *avis* (Vogel); erst, als er Dämonen erwähnt, schreibt er *gallus* (Hahn). Kurz darauf geht er auf die Verleugnung durch Petrus ein – erst hier setzt er *ales* und *gallus* gleich.

Prudentius stellt sich das Kommen des Weltenrichters für Christen so schön wie den frühmorgendlichen Vogelgesang vor – auch wenn alles, was böse ist (Dämonen, aber auch die Sünde in jedem Menschen) ihn schrill wie den Hahnenschrei erlebt.

Ales diei nuntius
Lucem propinquam præcinit.
Nos excitator mentium
Iam Christus ad vitam vocat.

„Auferte", clamat, „lectulos"
Ægros, soporos, desides,
„Castique, recti ac sobrii
Vigilate; iam sum proximus.

Post solis ortum fulgidi
Serum est cubile spernere,
Ni parte noctis addita
Tempus labori adieceris."

Vox ista qua strepunt aves
Stantes sub ipso culmine,
Paulo ante quam lux emicet
Nostri figura est iudicis.

Tectos tenebris horridis
Stratisque opertos segnibus
Suadet quietem linquere
Iam iamque venturo die,

Ut, cum coruscis flatibus
Aurora cælum sparserit,
Omnes labore exercitos
Confirmet ad spem luminis.

Hic somnus ad tempus datus
Est forma mortis perpetis:
Peccata, ceu nox horrida,
Cogunt iacere ac stertere.

Auf Schwingen Tages Herold kommt,
Gibt tönend kund das nahe Licht.
Erwecker unsrer Willenskraft
Ist Christus, der zum Leben ruft.

„Verlasst die Betten nun" ruft Er
Kranken, Schläfrigen, Trägen zu,
„Und nüchtern, keusch und tugendhaft
Wachet, denn Ich bin schon ganz nah.

Vom ersten Sonnenstrahl bis spät
Verschmähe nun das Schlafgemach,
Wenn nicht mit einem Teil der Nacht
Du mehren willst die Arbeitszeit."

Die Stimme, mit der jubiliern
Die Vögel von dem Gipfel her,
Kurz eh von ihm das Licht aufstrahlt,
Ist unsers Richters Redeform.

Wen Schauerdunkel noch bedeckt,
Wen träge Decke noch verbirgt,
Dem rät sie, aufzustehn vom Schlaf,
Im Augenblick schon kommt der Tag,

Daß sie in Hoffnung auf das Licht
Stärkt jeden, den die Arbeit plagt,
Wenn schimmernd ihren Morgenwind
Aurora auf den Himmel streut.

Der Schlaf, in dieser Zeit geschenkt,
Ist des beständgen Todes Bild:
Die Sünden, gleich der Schreckensnacht,
Sind niederschlagend träger Zwang.

...

41

Sed vox ab alto culmine
Christi docentis præmonet
Adesse iam lucem prope
Ne mens sopori serviat,

Ne somnus usque ad terminos
Vitæ socordis opprimat
Pectus sepultum crimine
Et lucis oblitum suæ.

Ferunt vagantes dæmonas
Lætos tenebris noctium
Gallo canente exterritos
Sparsim timere et cedere,

Invisa nam vicinitas
Lucis, salutis, numinis,
Rupto tenebrarum situ
Noctis fugat satellites.

Hoc esse signum præscii
Norunt repromissæ spei,
Qua nos soporis liberi
Speramus adventum Dei.

Quæ vis sit huius alitis
Salvator ostendit Petro,
Ter antequam gallus canat
Sese negandum prædicans.

Fit namque peccatum prius
Quam præco lucis proximæ
Inlustret humanum genus
Finemque peccandi ferat.

Die Stimme Christi aber lehrt
Und kündet von der Höhe aus:
Schon naht das Licht, es soll der Sinn
Nicht dienstbar sein der Schläfrigkeit,

Daß Schlaf nicht bis ans letzte Ziel
Stumpfsinn'gen Lebens unterdrückt
Die Seele, die in Schuld versank
Und die ihr Licht vergessen hat.

Die schweifenden Dämonen sind
Froh über Nacht und Finsternis,
Nun durch den Hahnenschrei erschreckt,
Und fürchten sich und fliehn versprengt,

Ihr Feind ist ja die Nachbarschaft
Des Lichtes, Heils, der Gottesmacht,
Sie brach den Sitz der Finsternis,
Vertreibt die Spießgesell'n der Nacht.

Sie wissen, dieses Künders Ruf
Gibt die verheißne Hoffnung an,
In der wir, frei von Schläfrigkeit,
Erhoffen Gottes Wiederkunft.

Der Heiland deutet Petrus an
Was des Beschwingten Sinn und Ziel,
Und sagt voraus, verleugnet wird
Er dreimal, eh der Hahn gekräht.

Denn es geschieht die Sünde, eh
Der Herold nahen Lichtes bringt
Erleuchtung menschlichem Geschlecht,
Der Sünden Ende kündet er.

...

Flevit negator denique
Ex ore prolapsum nefas,
Cum mens maneret innocens
Animusque servaret fidem

Nec tale quidquam postea
Linguæ locutus lubrico est,
Cantuque galli cognito
Peccare iustus destitit.

Inde est quod omnes credimus
Illo quietis tempore
Quo gallus exultans canit
Christum redisse ex inferis.

Tunc mortis oppressus vigor,
Tunc lex subacta Tartari,
Tunc vis diei fortior
Noctem coegit cedere.

Iamiam quiescant inproba,
Iam culpa furva obdormiat,
Iam noxa letalis suum
Perpessa somnum marceat.

Vigil vicissim spiritus
Quodcumque restat temporis
Dum meta noctis clauditur
Stans ac laborans excubet.

Iesum ciamus vocibus
Flentes, precantes, sobrii.
Intenta supplicatio
Dormire cor mundum vetat.

Nun endlich der Verleugner weint,
Dem aus dem Mund das Unrecht glitt,
Unschuldig aber blieb der Sinn,
Und Treue wahrte das Gemüt,

Und der nach diesem niemals mehr
Mit trügerischer Zunge sprach,
Der kaum den Hahnenschrei gehört,
Und ließ die Sünde, blieb gerecht.

Daher nun glauben alle wir,
daß Christus ist zu Schlafes Zeit,
Wie es der Hahn im Jubel ruft,
Vom Totenreich zurückgekehrt.

Nun ist des Todes Kraft erdrückt,
Nun ist der Hölle Recht verdrängt,
Nun hat die stärkre Gotteskraft
Die Nacht gezwungen, zu entfliehn.

Sogleich verstumm, was böse ist,
Sogleich entschlummre finstre Schuld,
Sogleich sei tödliches Vergehn
Erschöpft und dulde seinen Schlaf.

Wachsam indessen sei der Geist,
Wie lang auch dauern mag, daß Nacht
Mit ihren Grenzen ihn umgibt,
Sei er doch aufrecht, tätig, wach.

Bestürmen laut wir Jesus nun,
Mit Tränen, nüchtern, im Gebet.
Ernsthafte Buße untersagt
Dem reinen Herzen nun den Schlaf.

...

Sat convolutis artubus
Sensum profunda oblivio
Pressit, gravavit, obruit
Vanis vagantem somniis.

Sunt nempe falsa et frivola
Quæ mundiali gloria,
Ceu dormientes egimus –
Vigilemus, hic est veritas.

Aurum, voluptas, gaudium,
Opes, honores, prospera,
Quæcumque nos inflant mala,
Fit mane, nil sunt omnia.

Tu, Christe, somnum dissice,
Tu rumpe noctis vincula,
Tu solve peccatum vetus
Novumque lumen ingere.

Als sich der Leib im Bett gewälzt,
Hat das Vergessen, bodenlos,
Gedrückt, vergraben und beschwert
Unstetes Hirn in eitlem Traum.

Falsch ist ja und bedeutungslos,
Was wir, damit die Welt uns rühmt,
Gleichsam im Schlaf herangeschafft –
Wach lasst uns sein, Wahrheit ist hier.

Gold und Vergnügen und Begier,
Reichtum und Ehren und Erfolg,
Und was uns noch an Übeln bläht,
Am Morgen ist das alles – nichts.

Du, Christus, treibe fort den Schlaf,
Du brich die Fesseln der Nacht entzwei,
Du löse unsre alte Schuld
Und bring herbei das neue Licht.

Hrabanus Maurus
780-856

Hrabanus dichtete viel, meist in der klassischen Form des Hexameters. In einer uns vertrauteren, für ihn noch recht modernen Liedform schrieb er den Pfingsthymnus *Veni Creator Spiritus (Komm, schöpfrischer Geist, besuche)*.

Veni, Creator Spiritus,
Mentes Tuorum visita,
Imple superna gratia,
Quæ Tu creasti pectora.

Qui diceris Paraclitus,
Donum Dei altissimi,
Fons vivus, ignis, caritas
Et spiritalis unctio.

Tu septiformis munere,
Dextræ Dei Tu digitus,
Tu rite promissum Patris
Sermone ditans guttura.

Accende lumen sensibus,
Infunde amorem cordibus,
Infirma nostri corporis
Virtute firmans perpeti.

Hostem repellas longius
Pacemque dones protinus:
Ductore sic Te prævio
Vitemus omne noxium.

Per Te sciamus, da, Patrem,
Noscamus atque Filium,
Te utriusque Spiritum
Credamus omni tempore.

Komm, schöpfrischer Geist, besuche
Der Deinen Denken, erfülle
Mit himmlischer Gnade die Seelen
All jener, die Du geschaffen.

Der Du der Tröster genannt wirst,
Geschenk des Gottes, des höchsten,
Lebendger Quell, Feuer, Liebe
Und unsre geistliche Salbung.

Du siebengestaltge Gnade,
Du Finger der Rechten Gottes,
Du Heilsversprechen des Vaters,
Du schenkst der Kehle die Sprache.

Entzünde ein Licht den Sinnen,
Voll Liebe gieße die Herzen,
Die Schwäche unseres Leibes
Mach stark durch dauernde Tugend.

Vertreib den Feind in die Ferne,
Gib uns beständigen Frieden.
Wenn Du als Leiter vorangehst,
So meiden wir alles Übel.

Durch Dich lass den Vater uns kennen,
Und lass uns den Sohn verstehen,
An Dich, den Geist dieser beiden,
Lass Du uns alle Zeit glauben.

Alanus ab Insulis
1120-1202

Der französische Zisterzienser Alanus war ein hochgelehrter Theologe und Vielschreiber. Das hier vorgestellte Lied zeigt eine für das Mittelalter typische Weltsicht: Alles Geschaffene kann uns etwas über uns selbst sagen. Es nimmt dabei Bezug auf Ps. 103,15-16: *Die Tage des Menschen sind wie Gras; er blüht wie eine Blume auf dem Feld; wenn ein Wind darüber geht, so ist sie nicht mehr da, und ihre Stätte kennt sie nicht mehr.* bzw. Hiob 14,1-2: *Der Mensch, von der Frau geboren, lebt kurze Zeit und ist voll Unruhe. Wie eine Blume sprießt er auf und verwelkt; gleich einem Schatten flieht er und hat keinen Bestand.*

Das lateinische *labor* umfasst eine ganze Reihe von Bedeutungen, von *Arbeit* über *Mühsal* bis *Krankheit*. In diesem Lied habe ich mich für die letztgenannte Möglichkeit entschieden.

Alanus liebt Wortspiele. Es ist daher unmöglich, die Feinheiten seiner Dichtung ganz herauszuarbeiten.

Omnis mundi creatura
Quasi liber et pictura
Nobis est et speculum,
Nostræ vitæ, nostræ mortis,
Nostri status, nostræ sortis
Fidele signaculum.

Nostrum statum pingit rosa,
Nostri status decens glosa,
Nostræ vitæ lectio:
Quæ dum primo mane floret,
Defloratus flos effloret
Vespertino senio.

Ergo spirans flos exspirat
In pallorem dum delirat,
Oriendo moriens,
Simul vetus et novella,
Simul senex et puella
Rosa marcet oriens.

Sic ætatis ver humanæ
Iuventutis primo mane
Reflorescit paululum.
Mane tamen hoc excludit,
Vitæ vesper dum concludit
Vitale crepusculum.

Cuius decor dum perorat
Eius decus mox deflorat
Ætas in qua defluit.
Fit flos fenum, gemma lutum,
Homo cinis, dum tributum
Homo morti tribuit.

In der Welt ein jedes Wesen
Ist uns Buch und ist Gemälde,
Ist uns gleichsam Spiegelbild,
Unsers Lebens, unsers Todes,
Unsers Standes, unsers Schicksals
Sicheres Erkennungsmal.

Unsern Stand erklärt die Rose
Anmutsvoll, da sie ihn bildet,
Deutung unsrer Lebenszeit:
So wie diese blüht frühmorgens,
Blüht auch und verblüht die Blume
In der greisen Abendzeit.

Atmend, so verhaucht die Blume,
Wendet sich zu fahler Blässe,
Stirbt, kaum daß sie aufgeblüht,
Gleicher Weise alt und kindlich,
Gleicher Weise Greis und Mädchen,
Blühend welkt die Rose hin.

Frühlings-Jugendzeit des Menschen
Mag am frühen Morgen blühen
Eine kleine Spanne Zeit.
Doch den Morgen wird vernichten
Lebens Abend, wenn er abschließt
Dämmerung der Lebenszeit.

Wo noch mag die Anmut sprechen,
Da wird bald die Anmut welken,
Wenn die Lebenszeit verfließt.
Gras wird Heu und Blüte Erde,
Und der Mensch wird Staub, dem Tode
Zahlt der Mensch ja den Tribut.

...

Cuius vita cuius esse,
Pœna, labor et necesse
Vitam morte claudere.
Sic mors vitam, risum luctus,
Umbra diem, portum fluctus,
Mane claudit vespere.

In nos primum dat insultum
Pœna, mortis gerens vultum,
Labor, mortis histrio.
Nos proponit in laborem,
Nos assumit in dolorem,
Mortis est conclusio.

Ergo clausum sub hac lege
Statum tuum, homo, lege,
Tuum esse respice.
Quid fuisti nasciturus;
Quid sis præsens, quid futurus,
Diligenter inspice.

Luge pœnam, culpam plange,
Motus frena, fastum frange,
Pone supercilia.
Mentis rector et auriga
Mentem rege, fluctus riga,
Ne fluant in devia.

Jedes Leben, jedes Dasein,
Strafe, Krankheit und Bedürfnis
Schließen selber sich im Tod.
Tod schließt Leben, Gram das Lachen,
Nacht den Tag, das Meer den Hafen,
Morgen schließt durch Abend sich.

Bald schon wird uns überfallen
Strafe mit des Todes Antlitz,
Krankheit, Todes Künderin.
Sie bedroht uns in der Krankheit,
Sie ergreift uns in den Schmerzen,
Sie führt endlich in den Tod.

Mensch, dein Stand ist im Gesetze
Eingeschlossen, also lies ihn
Und bedenke nun dein Sein.
Was du warst als Ungeborner,
Was du bist und künftig sein wirst,
Wäge du gewissenhaft.

Weine über Schuld und Strafe,
Brich den Stolz, den Hochmut zügle,
Lege ab die Eitelkeit.
Steuermann und Herzens Lenker,
Lenk das Herz, die Wellen leite,
Nicht zu fließen falsche Bahn.

Stephen Langton
1150-1228

Der englische Theologe und Erzbischof von Canterbury verfasste
die Pfingstsequenz, die für mich zum Schönsten gehört, was über-
haupt geschrieben wurde.

Veni Sancte Spiritus,
Et emitte cælitus
Lucis tuæ radium.

Veni, pater pauperum,
Veni, dator munerum,
Veni, lumen cordium.

Consolator optime,
Dulcis hospes animæ,
Dulce refrigerium.

In labore requies,
In æstu temperies,
In fletu solatium.

O lux beatissima,
Reple cordis intima
Tuorum fidelium.

Sine tuo numine
Nihil est in homine,
Nihil est innoxium.

Lava quod est sordidum,
Riga quod est aridum,
Sana quod est saucium.

Flecte quod est rigidum,
Fove quod est frigidum,
Rege quod est devium.

Komm, Du Heiliger Geist,
Send vom Himmel herab
Einen Strahl deines Lichtes.

Komm, Du Vater der Armen,
Komm, Du Geber der Gnaden,
Komm, Du Leuchte der Herzen.

Bester Tröster bist Du,
Süßer Gastfreund der Seele,
Du bist süße Erquickung.

Du bist Ruhe in Arbeit,
Du bist Lindrung in Hitze
Du bist Trost in Betrübnis.

O Du seligstes Licht,
Herzenstiefe erfülle
Derer, die Dir vertrauen.

Ohne Dein Wollen kann
Nichts im Menschen bestehn,
Nichts bestehn ohne Schaden.

Was befleckt ist, das wasche,
Was vertrocknet ist, tränke,
Was verwundet ist, heile.

Was verhärtet ist, biege,
Was erkaltet ist, wärme,
Was verirrt ist, das lenke.

...

Da tuis fidelibus
In te confidentibus
Sacrum septenarium.

Da virtutis meritum,
Da salutis exitum,
Da perenne gaudium.

Deinen Treuen gewähre,
Die auf Dich sich verlassen,
Sieben heilige Gaben.

Gib die Wohltat der Tugend,
Gib ein heiliges Sterben,
Gib die ewige Freude.

Anonymus
Carmina Burana 24
vor 1230

Die Carmina Burana, eine Sammlung vorwiegend mittelalterlicher, zum kleinen Teil auch antiker Gesänge, entstand um 1230. Es enthält weit mehr als die seit Carl Orff bekannten Trink- und Liebeslieder – zum Beispiel unter der in neuerer Zeit hinzugefügten Nummer 24 einen eindrucksvollen Aufruf zur Abkehr von Materialismus und Egozentrik.

Iste mundus furibundus falsa prestat gaudia,
Quia fluunt et decurrunt ceu campi lilia.
Laus mundana, vita vana vera tollit premia,
Nam impellit et submergit animas in tartara.
Lex carnalis et mortalis valde transitoria
Fugit, transit velut umbra, que non est corporea.
Quod videmus vel tenemus in presenti patria,
Dimittemus et perdemus quasi quercus folia.
Fugiamus, contemnamus huius vite dulcia,
Ne perdamus in futuro pretiosa munera!
Conteramus, confringamus carnis desideria,
Ut cum iustis et electis in celesti gloria
Gratulari mereamur per eterna secula.

Falsche Freuden zu vergeuden lockt uns eine wilde Welt,
Sich ergießend, bald verfließend wie die Lilie auf dem Feld.
Weltlichs Streben, eitles Leben stiehlt uns nur den wahren Lohn
Und macht sinken und ertrinken Seelen vor dem Höllenthron.
Was verderblich, was nur sterblich unterliegt Vergänglichkeit,
Allzu flüchtig, Schatten, nichtig, ohne jede Festigkeit.
Was wir schauen, darauf bauen wir im Heim der Gegenwart,
Wollens fassen, müssens lassen – Eichenlaub in Windes Fahrt.
Lasst uns meiden, lasst uns scheiden von des Lebens Süßigkeit,
Daß uns bleibe, nichts vertreibe jener Gaben Kostbarkeit!
Lasst uns töten und zertreten unsers Fleisches geile Gier,
Daß im Sterben wir erwerben wie die Heilgen Himmels Zier.
Herr, gewähre uns die Ehre ewiglich zu stehn vor Dir!

Anonymus
1. Hälfte 13. Jh.
Dies Iræ

Das *Dies Iræ* wird seit dem 16. Jh. dem Franziskaner Thomas von Celano zugeschrieben. Das ist sehr zweifelhaft; es mag mit dem Konkurrenzdenken zwischen Dominikanern und Franziskanern zusammenhängen – der Aquinat verfasste in päpstlichem Auftrag großartige Hymnen, und Thomas von Celano wurde ein anderer großartiger Hymnus untergeschoben.

Die Schlussverse *Pie Iesu Domine / Dona eis requiem* sind eine spätere Hinzufügung; ich habe sie nicht übernommen.

Durch einen Beschluss des Zweiten Vatikanischen Konzils ist das *Dies Iræ* als „zu wenig österlich" nicht mehr verbindlicher Bestandteil des Requiems. Ich finde das bedauerlich; zum einen ist ein von jedem Gedanken an die Folgen der Sünde befreites Christentum nicht mehr im Vollsinn befreiend, zum anderen überwiegt im *Dies Iræ* der Gedanke an die Barmherzigkeit und Macht Jesu. Bei meinem Requiem darf es gern gesungen werden.

Dies iræ, dies illa,
Solvet sæclum in favilla
Teste David cum Sibylla.

Quantus tremor est futurus,
Quando iudex est venturus,
Cuncta stricte discussurus!

Tuba mirum spargens sonum
Per sepulcra regionum
Coget omnes ante thronum.

Mors stupebit et natura,
Cum resurget creatura,
Iudicanti responsura.

Liber scriptus proferetur,
In quo totum continetur,
Unde mundus iudicetur.

Iudex ergo cum sedebit,
Quidquid latet apparebit,
Nil inultum remanebit.

Quid sum miser tunc dicturus?
Quem patronum rogaturus,
Cum vix iustus sit securus?

Rex tremendæ maiestatis,
Qui salvandos salvas gratis:
Salva me, fons pietatis.

Recordare Iesu pie,
Quod sum causa tuæ viæ:
Ne me perdas illa die.

Tag des Zornes! Jener Tag erlöst
Diese Welt, die noch im Staube liegt,
Nach Sibylls und Davids Zeugnis.

Wieviel Furcht und Zittern wird dann sein,
Wenn der Weltenrichter kommen wird,
Wenn Er alles streng wird prüfen!

Die Posaune breitet ihren Schall
Wunderbar durch Gräberstätten hin,
Alle vor den Thron zu rufen.

Tod und Leben werden staunend stehn,
Auferstehen wird dann das Geschöpf,
Dem, der richtet, Antwort geben.

Offen wird ein volles Buch gezeigt,
Alles wird in ihm enthalten sein,
Was die Welt zum Urteil führe.

Wenn der Richter dort wird sitzen, dann
Wird erscheinen, was verborgen war,
Nichts wird unvergolten bleiben.

Ich Erbärmlicher, was sag ich dann?
Welchen Anwalt frage ich, da kaum
Sorglos sein darf der Gerechte?

König, dessen Größe zittern macht,
Du schenkst Heil dem, der geheilt sein soll:
Rette mich, Du Quell der Güte.

Treuer Jesus, sei doch eingedenk,
Daß ich Grund bin Deines Weges: Lass
Mich an jenem Tag nicht fallen.
...

Quærens me, sedisti lassus,
Redemisti crucem passus –
Tantus labor non sit cassus.

Iuste iudex ultionis,
Donum fac remissionis,
Ante diem rationis.

Ingemisco, tamquam reus,
Culpa rubet vultus meus –
Supplicanti parce Deus!

Qui Mariam absolvisti,
Et latronem exaudisti,
Mihi quoque spem dedisti.

Preces meæ non sunt dignæ,
Sed tu bonus fac benigne,
Ne perenni cremer igne.

Inter oves locum præsta,
Et ab hædis me sequestra,
Statuens in parte dextra.

Confutatis maledictis,
Flammis acribus addictis,
Voca me cum benedictis.

Oro supplex et acclinis,
Cor contritum quasi cinis:
Gere curam mei finis.

Lacrimosa dies illa,
Qua resurget ex favilla
Iudicandus homo reus –
Huic ergo parce Deus.

Nach mir suchend, saßest Du erschöpft,
Kauftest los mich durch Dein Leid am Kreuz –
Nicht umsonst sei so viel Mühsal.

Richter, der gerecht Vergeltung übt,
Mache die Vergebung zum Geschenk
Vor dem Tag der Offenlegung.

Wie ein Angeklagter seufze ich,
Schuld treibt mir die Röte ins Gesicht –
Gott, den Flehenden verschone!

Freigesprochen hast Maria Du,
Und den Schächer selbst hast Du erhört,
Hoffnung ist auch mir gegeben.

Meine Bitten sinds nicht wert, doch Du,
Gütiger, in Gnaden gib, daß ich
Nicht im ewgen Feuer brenne.

Gewähre mir bei Deinen Schafen Raum,
Und von den Böcken sondere mich ab,
Lass mich zu Deiner Rechten stehen.

Sind auch die Verdammten überführt,
Übergeben scharfer Flammen Glut,
Mit den Sel'gen rufe mich.

Kniend flehe ich und tief gebeugt,
Und wie Asche das zerknirschte Herz:
Trage Sorge um mein Ende.

Jener Tag wird voller Tränen sein,
Da vom Staube auferstehen wird
Zum Gericht der angeklagte Mensch –
Aber Du, mein Gott, verschone ihn.

Johannes Fidanza Bonaventura
1221 – 1274

Bonaventura gilt als Verfasser mehrerer Hymnen – aber es gibt hierüber keine Sicherheit. Der hier angeführte Kreuzhymnus gilt als sein Werk.

Allerdings muß man auch hier die Konkurrenz zwischen Dominikanern und Franziskanern bedenken, die seinerzeit kuriose Blüten trieb; so wurde der Aquinat *Doctor angelicus* genannt, und die Franziskaner legten nach mit dem Beinamen *Doctor seraphicus* für Bonaventura. Es ist unter diesen Vorzeichen nicht ausgeschlossen, daß ein besonders schöner Hymnus dem Bonaventura von seinen Ordensbrüdern zugeschrieben wurde.

Nehmen wir an, daß er ihn wirklich geschrieben hat, schon weil Thomas von Aquin und Johannes Bonaventura so ein gutes Doppel sind: Beide gehörten Bettelorden an, waren gleichzeitig Dozenten in Paris, bekämpften die grassierenden Häresien, starben im gleichen Jahr und wurden zu Kirchenlehrern erhoben. Nennen wir sie ruhig auch beide Hymnendichter.

Um das Metrum und die wichtigsten Punkte der Satzstellung zu erhalten, habe ich in der Übersetzung aus den Aussagen *über* das Kreuz Anreden *an* das Kreuz gemacht. Das ist ein dem Mittelalter durchaus nicht fernes Stilmittel; ich nehme an, Bonaventura hat nichts dagegen.

Recordare sanctæ crucis,
Qui perfectam vitam ducis,
Delectare iugiter;
Sanctæ crucis recordare
Et in ipsa meditare
Insatiabiliter.

Cum quiescis et laboras
Quando rides, quando ploras,
Doles sive gaudeas,
Quando vadis, quando venis,
In solaciis et pœnis
Crucem corde teneas.

Crux in omnibus pressuris,
Multum gravibus et duris,
Est tutum remedium;
Crux in pœnis et tormentis
Est dulcedo piæ mentis
Et verum refugium.

Crux est vena paradisi,
In qua solum sunt confisi,
Qui vicerunt omnia;
Crux est mundi medicina,
Per quam bonitas divina
Fecit mirabilia.

Crux est speculum virtutis,
Gloriosæ dux salutis,
Tota spes fidelium;
Crux es decus salvandorum
Et solacium eorum
Atque desiderium.

Freue dich des heilgen Kreuzes,
Der du führst vollkommnes Leben,
Denke daran immerfort.
Heilgen Kreuzes stets gedenke,
Stets bewege es im Herzen
Ohne jeden Überdruss.

In der Ruhe, in der Mühe,
Wenn du lachst und wenn du weinest,
Ob du leidest, ob dich freust,
So im Gehen wie im Kommen,
So im Trost wie in der Strafe
Halt im Herzen fest das Kreuz.

Kreuz, in jeglicher Bedrängnis,
Gleich wie schwer, wie hart sie sein mag,
Sichres Heilungsmittel du;
Kreuz, in Strafen und in Qualen
Bist des frommen Herzens Süße
Und die wahre Zuflucht du.

Kreuz, du Paradiesesquelle,
Alles werden überwinden,
Die auf dich allein vertraun,
Kreuz, du bist der Welten Heilung,
Da durch dich die Güte Gottes
Wunderbares hat getan.

Kreuz, du bist der Tugend Spiegel,
Führer zum vollkommnen Heile,
Alle Hoffnung der Getreu'n;
Kreuz, du bist die Zierde aller,
Die gerettet werden sollen,
Ihre Sehnsucht und ihr Trost.

...

Crux est arbor decorata,
Christi sanguine sacrata,
Cunctis plena fructibus,
Quibus animæ fruuntur,
Cum supernis nutriuntur
Cibis in cælestibus.

Crucifixe, fac me fortem,
Ut libenter tuam mortem
Plangam, donec vixero.
Tecum volo vulnerari,
Te libenter amplexari
In cruce desidero.

Kreuzesbaum, du bist verherrlicht,
Bist von Christi Blut geheiligt,
Aller Früchte bist du voll,
Für die Seelen zum Genusse,
Wenn in himmlischen Gefilden
Sie empfangen heil'ges Mahl.

Du am Kreuz, gib mir die Stärke,
Deinen Tod gern zu beweinen,
Bis ich leben darf vor Dir.
Mit Dir will ich Wunden tragen,
Und ich sehne mich von Herzen,
Zu umarmen Dich am Kreuz.

Thomas von Aquin
1225-1274

Der große Philosoph und Kirchenlehrer wurde von Papst Urban IV. beauftragt, eine Antiphon und mehrere Hymnen zu dem neu promulgierten Fronleichnamsfest zu schaffen. Es ist das einzige dichterische Werk des Aquinaten, auch wenn man seine poetische Ader in seinen Gebeten durchaus erkennt.

Wir verdanken Thomas eine Antiphon und vier Hymnen zu Fronleichnam. Für *Adoro Te devote, latens Deitas* (Dich, verborgne Gottheit, bet ich gläubig an) gibt es auch die Version *... latens veritas* (... verborgne Wahrheit). Ein Argument für ihre Authentizität besagt, *Deitas* sei ein Abschreibefehler aus einer unleserlichen Vorlage des Aquinaten – aber sein Sekretär Reginald kannte ihn ja gut, muss mit seinem Schriftbild vertraut gewesen sein und hätte bei Unsicherheiten wohl nachgefragt. Weiter wird argumentiert, *Deitas* sei bei Thomas ein ungebräuchliches Wort; es kommt aber im gleichen Hymnus noch einmal vor, und zwar ohne jeden Zweifel, da dort *Deitas – humanitas* (Gottheit – Menschheit) einander gegenüberstehen. Auch in dem Hymnus *Sacris solemniis* kommt das Wort *Deitas* unzweifelhaft vor. Deshalb habe ich mich für die gewohnte Schreibweise *latens Deitas* entschieden. – Der Vers *Sed auditu solo tuto creditur* (Doch allein im Hören ist der Glaube fest) existiert auch in der Schreibweise *... tute creditur*; sie ist zwar wohl näher am Original, aber ich habe mich bei dieser geringen Abweichung für die geläufigere Fassung entschieden.

O sacrum convivium,
in quo Christus sumitur:
recolitur memoria passionis eius,
mens impletur gratia
et futuræ gloriæ nobis pignus datur.
Alleluia.

Sacris solemniis iuncta sint gaudia,
Et ex præcordis sonent præconia,
Recedant vetera, nova sint omnia,
Corda voces et opera.

Noctis recolitur cena novissima,
Qua Christus creditur agnum et azyma
Dedisse fratribus iuxta legitima
Priscis indulta patribus.

Post agnum typicum expletis epulis,
Corpus dominicum datum discipulis,
Sic totum omnibus, quod totum singulis,
Eius fatemur manibus.

Dedit fragilibus corporis ferculum,
Dedit et tristibus sanguinis poculum,
Dicens: accipite quod trado vasculum,
Omnes ex eo bibite.

Sic sacrificium istud instituit,
Cuius officium committi voluit
Solis presbyteris, quibus sic congruit,
Ut sumant et dent ceteris.

O heiliges Gastmahl,
bei dem Christus verzehrt wird:
Von Neuem gedenken wir Seines Leidens,
der Geist wird mit Gnade erfüllt,
gegeben wird uns der künftigen Herrlichkeit Pfand.
Alleluia.

Heiliger Brauch, der mit Freuden verbunden sei,
Tief aus dem Herzen erklinge der Lobgesang,
Altes entweiche, und alles erneure sich:
Lieben, Singen und Gutes Tun.

Beim letzten Abendmahl - dessen gedenken wir -
Christus den Brüdern gab, wie unser Glaube sagt,
Brot ohne Sauerteig, Lamm nach den Weisungen,
Wie den Vätern geboten war.

Bildhaft das Lamm, und den Leib unsres Herren gab
Er nach dem Mahle den Jüngern mit eigner Hand,
Gänzlich für alle und ganz jedem einzelnen,
Wir bekennen es überall.

Er gab den Schwachen die Speise des Leibes hin,
Er gab den Becher des Blutes den Traurigen,
Und dabei sprach Er: Den Kelch, den Ich gebe euch,
Nehmt ihn, trinkt daraus alle nun.

Dies Sakrament hat Er eingesetzt, anvertraun
Will Er dem Priester alleine den Dienst daran,
Daß ers gebührlich empfange selbst
und es anderen spenden mag.

...

Panis angelicus fit panis hominum,
Dat panis cælicus figuris terminum;
O res mirabilis: manducat Dominum
Servus pauper et humilis.

Te, trina Deitas unaque, poscimus,
Sic tu nos visita, sicut te colimus,
Per tuas semitas duc nos, quo tendimus,
Ad lucem, quam inhabitas.

Adoro te devote, latens Deitas,
Quæ sub his figuris vere latitas.
Tibi se cor meum totum subicit,
Quia te contemplans totum deficit.

Visus, tactus, gustus in te fallitur,
Sed auditu solo tuto creditur.
Credo quidquid dixit Dei Filius:
Nil hoc verbo Veritatis verius.

In cruce latebat sola Deitas,
At hic latet simul et humanitas;
Ambo tamen credens atque confitens,
Peto quod petivit latro pænitens.

Plagas, sicut Thomas, non intueor;
Deum tamen meum te confiteor.
Fac me Tibi semper magis credere,
In Te spem habere, Te diligere.

Engelsbrot wird nun gewandelt zu Menschenbrot;
Himmelsbrot setzt nun ein Ende den Vorbildern;
Wunderbar ist das: der arme und niedrige
Diener, der seinen Herrn verzehrt.

Dich, o dreieinige Gottheit, Dich bitten wir,
Daß Du auf uns, die Dich ehren, herniederschaust,
Auf Deinem Weg, den wir suchen, geleite uns
Bis zum Lichte, das Du bewohnst.

Dich, verborgne Gottheit, bet ich gläubig an,
Du verbirgst Dich wahrhaft in des Brots Gestalt.
Meine Seele gibt sich ganz in Deine Hand,
Da sie Dich betrachtet, tritt sie ganz zurück.

Sehen, Fühlen, Schmecken nehmen Dich nicht wahr,
Doch allein im Hören ist der Glaube fest;
Was auch immer Gottes Sohn gesprochen hat,
Glaub ich - nichts ist wahrer als der Wahrheit Wort.

Die verlassne Gottheit war am Kreuz verhüllt,
Ebenso verbirgt sich hier die Menschheit auch.
Dennoch bitt ich gläubig und vertrauensvoll
Beide, was der Schächer voller Reue bat.

Deine Wunden kann ich nicht wie Thomas sehn,
Aber ich bekenne Dich als meinen Gott;
Daß ich immer fester an Dich glaube, gib,
Daß ich auf Dich hoffe, daß ich liebe Dich.

...

O memoriale mortis Domini!
Panis vivus, vitam præstans homini!
Præsta meæ menti de Te vivere
Et Te illi semper dulce sapere.

Pie pellicane, Iesu Domine,
Me immundum munda Tuo sanguine.
Cuius una stilla salvum facere
Totum mundum quit ab omni scelere.

Iesu, quem velatum nunc aspicio,
Oro fiat illud quod tam sitio;
Ut te revelata cernens facie
Visu sim beatus tuæ gloriæ.

Pange lingua gloriosi
Corporis mysterium,
Sanguinisque pretiosi,
Quem in mundi pretium
Fructus ventris generosi
Rex effudit gentium.

Nobis datus, nobis natus
Ex intacta Virgine
Et in mundo conversatus,
Sparso verbi semine,
Sui moras incolatus
Miro clausit ordine.

Du Erinnrungszeichen an den Tod des Herrn!
Menschen gibst Du Leben, Du lebendges Brot!
Gib Du meinem Geiste, daß er lebt von Dir,
Und daß Du ihm immer süß zu schmecken bist.

Jesus, Herr, dem treuen Pelikane gleich,
Unrein bin ich, mach mich rein mit Deinem Blut,
Davon schon ein einzger Tropfen alle Welt
Von jedweder Freveltat befreien kann.

Jesus, nun erblicke ich Dich noch verhüllt,
Was ich so begehre, bitt ich, laß geschehn:
Daß Dein unverhülltes Antlitz einst ich seh,
Selig bin im Schauen Deiner Herrlichkeit.

Singe, Zunge, das Geheimnis
dieses Leibes, hochverehrt,
teuren Blutes, das vergossen
für die Welt zum Lösegeld
von dem Sproß aus edlem Leibe -
Er ist aller Völker Fürst.

Uns gegeben, uns geboren
aus der Jungfrau, unberührt,
ist Er in die Welt gekommen,
ausgestreut als Wortes Saat,
der auf wunderbare Weise
abschloß Seines Bleibens Zeit.

...

In supremæ nocte cœnæ
Recumbens cum fratribus,
Observata lege plene
Cibis in legalibus,
Cibum turbæ duodenæ
Se dat suis manibus

Verbum caro, panem verum
Verbo carnem efficit:
Fitque sanguis Christi merum,
Et si sensus deficit,
Ad firmandum cor sincerum
Sola fides sufficit.

Tantum ergo Sacramentum
Veneremur cernui,
Et antiquum documentum
Novo cedat ritui –
Præstet fides supplementum
Sensuum defectui.

Genitori, Genitoque
Laus et iubilatio,
Salus, honor, virtus quoque
Sit et benedictio,
Procedenti ab utroque
Compar sit laudatio.

Verbum supernum prodiens,
Nec Patris linquens dexteram,
Ad opus suum exiens,
Venit ad vitæ vesperam.

In der Nacht des letzten Mahles
da Er bei den Brüdern saß,
als durch vorgeschriebne Speisen
das Gesetz war ganz befolgt,
gab der Zwölferschar zur Speise
Er sich hin mit eigner Hand.

Wort ist Fleisch, in Seinem Worte
wird zu wahrem Fleisch das Brot,
wird der Wein zum Blute Christi.
Wo zu klein ist der Verstand,
um das reine Herz zu stärken,
reicht allein der Glaube hin.

Kniend wollen wir verehren
dies so große Sakrament,
Und nun soll die alte Lehre
weichen einem neuen Brauch:
Übertreffen soll der Glaube
den verfinsterten Verstand.

So dem Vater wie dem Sohne
gelte Lob und Jubelruf,
Ihm gehört das Heil, die Ehre,
Ihm gehört der Segen auch.
Dem, der von den beiden ausgeht,
sei der gleiche Lobgesang.

Das Wort des Himmels, das erscheint,
das nicht des Vaters Hand verläßt,
das Seinem Werk ist zugewandt,
kommt in des Lebens Abendzeit.

...

In mortem a discipulo
Suis tradendus æmulis,
Prius in vitæ ferculo
Se tradidit discipulis.

Quibus sub bina specie
Carnem dedit et sanguinem,
Ut duplicis substantiæ
Totum cibaret hominem.

Se nascens dedit socium,
Convescens in edulium,
Se moriens in pretium,
Se regnans dat in præmium.

O salutaris hostia,
Quæ cæli pandis ostium,
Bella premunt hostilia;
Da robur, fer auxilium.

Uni trinoque Domino
Sit sempiterna gloria:
Qui vitam sine termino
Nobis donet in patria.

Lauda Sion Salvatorem,
Lauda ducem et pastorem
In hymnis et canticis.
Quantum potes, tantum aude,
Quia maior omni laude,
Nec laudare sufficis.

Noch eh ein Jünger Ihn dem Feind
hat ausgeliefert in den Tod,
gab Er im Mahl des Lebens sich
und liefert sich den Jüngern aus.

Er hat in zweierlei Gestalt
gegeben ihnen Fleisch und Blut,
daß in zwiefältger Wesenheit
den ganzen Menschen Er ernährt.

Er kam zur Welt, gab sich zum Freund,
zur Speise gab Er sich beim Mahl,
zum Lösegeld in Seinem Tod,
zum Ehrenpreis in Seinem Reich.

Du Sühneopfer bringst das Heil,
die Himmelspforte öffnest Du,
die Feindes Krieg verschlossen hält;
komm uns zu Hilfe, gib uns Kraft.

Der Eine und Dreifaltge Herr
sei immerwährend hochgelobt,
Er gebe uns im Vaterland
ein Leben ohne Endlichkeit.

Preise, Zion, den Erlöser,
deinen Fürsten, deinen Hirten,
preise Ihn im Lobgesang.
Alles, was du kannst, das wage,
Der ist über allem Lobpreis,
den du nie genügend preist.

...

Laudis thema specialis,
Panis vivus et vitalis
Hodie proponitur.
Quem in sacræ mensa cenæ,
Turbæ fratrum duodenæ
Datum non ambigitur.

Sit laus plena, sit sonora,
Sit iucunda, sit decora
Mentis iubilatio.
Dies enim solemnis agitur,
In qua mensæ prima recolitur
Huius institutio.

In hac mensa novi Regis
Novum Pascha novæ legis
Phase vetus terminat.
Vetustatem novitas,
Umbram fugat veritas,
Noctem lux eliminat.

Quod in cœna Christus gessit,
Faciendum hoc expressit
In sui memoriam.
Docti sacris institutis
Panem, vinum in salutis
Consecramus hostiam.

Dogma datur christianis,
Quod in carnem transit panis,
Et vinum in sanguinem.
Quod non capis, quod non vides,
Animosa firmat fides,
Præter rerum ordinem.

Lob gilt dem besondren Wesen,
lebensvoll und Leben schaffend,
Brot, das heut erhoben wird.
An dem Tisch des heilgen Mahles
war es Gabe - niemand zweifle! -
für der Brüder Zwölferschar.

Voll ertöne dieser Lobpreis,
voller Freude, voller Anmut
sei der der Seele Jubelruf.
Festlich wird der Tag begangen,
der erinnert an die erste
Spendung jenes Abendmahls.

Neues Pascha neuen Bundes
löst am Tisch des neuen Königs
alter Zeiten Spanne ab.
Altes wird verbannt von Neuem,
Schattenhaftes von der Wahrheit,
und das Licht vertreibt die Nacht.

Was im Mahle Er vollzogen,
das hat Christus aufgetragen,
Seiner eingedenk zu tun.
Wir, belehrt durch heilge Weisung,
weihen diese Opferspeise,
Brot und Wein zu unserm Heil.

Christen gab Er diese Lehre,
daß das Brot zu Fleisch sich wandelt
und der Wein zu Seinem Blut.
Was nicht greifbar, was nicht sichtbar,
das bestätigt tapfrer Glaube
über Weltenlauf hinaus.

...

Sub diversis speciebus,
Signis tantum et non rebus,
Latent res eximiæ.
Caro cibus, sanguis potus,
Manet tamen Christus totus
Sub utraque specie.

A sumente non concisus,
Non confractus, non divisus:
Integer accipitur.
Sumit unus, sumunt mille:
Quantum isti, tantum ille:
Nec sumptus consumitur.

Sumunt boni, sumunt mali:
Sorte tamen inæquali,
Vitæ vel interitus.
Mors est malis, vita bonis:
Vide paris sumptionis
Quam sit dispar exitus.

Fracto demum sacramento,
Ne vacilles, sed memento:
Tantum esse sub fragmento,
Quantum toto tegitur.
Nulla rei fit scissura,
Signi tantum fit fractura,
Qua nec status nec statura
Signati minuitur.

Unter zweierlei Gestalten,
Zeichen nur, nicht Wirklichkeiten,
birgt sich höchste Wesenheit.
Fleisch zur Speise, Blut zum Tranke,
unversehrt bleibt Christus dennoch
unter beiderlei Gestalt.

Nicht vom Essenden vernichtet,
nicht zerteilt und nicht zerbrochen,
nimmt Ihn jeder gänzlich auf.
Einer ißt, und tausend essen,
Er genügt für diese alle,
wird verzehrt, doch nicht verbraucht.

Gute essen, Böse essen,
doch verschiednes Los fällt ihnen,
Leben oder Untergang.
Jenen Tod und diesen Leben:
Der Empfang der gleichen Speise
führt zu so verschiednem Los.

Ist das Sakrament zerbrochen,
so gedenke ohne Schwanken:
So viel ist im Teil enthalten,
wie im Ganzen wird verhüllt.
Unzerteilt bleibt dieses Wesen,
nur das Zeichen wird gebrochen,
was es zeigt, bleibt unvermindert,
gleich in Zustand und Gestalt.

...

Ecce Panis Angelorum,
Factus cibus viatorum:
Vere panis filiorum,
Non mittendus canibus.
In figuris præsignatur,
Cum Isaac immolatur,
Agnus Paschæ deputatur,
Datur manna patribus.

Bone pastor, panis vere,
Iesu, nostri miserere:
Tu nos pasce, nos tuere,
Tu nos bona fac videre
In terra viventium.
Tu qui cuncta scis et vales,
Qui nos pascis hic mortales:
Tuos ibi commensales,
Coheredes et sodales
Fac sanctorum civium.

Sieh, dies ist das Brot der Engel,
Reisenden zum Mahl gegeben,
wahrhaft ist es Brot der Kinder,
das man nicht den Hunden gibt.
In den Bildern vorbezeichnet
wirds mit Isaak geopfert,
dargebracht im Osterlamme,
Manna, das die Väter nährt.

Wahres Brot, Du guter Hirte,
Jesus, hab mit uns Erbarmen,
weide Du uns und behüte,
laß Du uns das Gute schauen
in dem Land der Lebenden.
Alles weißt Du und vermagst Du,
der uns Sterbliche hier weidet:
Die hier Deine Tischgenossen,
laß sie Deiner Heilgen Scharen
Erben und Gefährten sein.

Anonymus
Stabat Mater
13. Jh.

Das Stabat Mater wird u.a. Papst Innozenz III. sowie den Franziskanermönchen Iacopone da Todi und Johannes Bonaventura zugeschrieben. Ausgeschlossen ist die Autorschaft wohl bei keinem der drei, nachweisbar aber auch nicht. Die innige Marienfrömmigkeit spricht zumindest von einer Nähe zu den Franziskanern. Innozenz III. war ein Vorkämpfer gegen Häresien; ihn als Autor nennen kann auch die Aussage beinhalten: Marienfrömmigkeit ist rechtgläubig.

Das hier vorgestellte Original weicht etwas von der jetzigen liturgischen Fassung im Graduale Romanum ab.

Die bekannten Nachdichtungen von Christoph Martin Wieland und Heinrich Bone halten sich streng nach dem Reimschema des Originals – dazu brauchen sie leider mehr und andere Worte als das Original. Hinzu kommt, daß beide Übersetzer *Schmerzen* auf *Herzen* reimen und sich theologisch teilweise sehr weit vom Original entfernen. Eine genauere Übersetzung tat not.

Stabat Mater dolorosa
Iuxta crucem lacrimosa,
Dum pendebat filius;
Cuius animam gementem,
Contristantem et dolentem
Pertransivit gladius.

O quam tristis et afflicta
Fuit illa benedicta
Mater unigeniti,
Quæ mærebat et dolebat,
Et tremebat, cum videbat
Nati pœnas incliti.

Quis est homo, qui non fleret,
Matrem Christi si videret
In tanto supplicio?
Quis non posset contristari,
Piam matrem contemplari
Dolentem cum filio?

Pro peccatis Suæ gentis
Iesum vidit in tormentis
Et flagellis subditum.
Vidit suum dulcem natum
Morientem, desolatum,
Cum emisit spiritum.

Eia, mater, fons amoris,
Me sentire vim doloris
Fac, ut tecum lugeam.
Fac, ut ardeat cor meum
In amando Christum Deum,
Ut sibi complaceam.

Voller Schmerzen stand die Mutter

Unterm Kreuze, unter Tränen,
Als ihr Sohn da leidend hing.
Ihre jammervolle Seele,
So von Leid erfüllt und traurig,
War durchschnitten mit dem Schwert.

O wie traurig und wie elend
War des Eingebornen Mutter,
Jene hochgelobte Frau,
Da sie litt und da sie weinte,
Zitterte, als sie die Qualen
Des verehrten Sohnes sah.

Wer wohl nicht darüber weinte,
Wenn er Christi Mutter sähe
In so übergroßer Pein?
Wer auch könnte nicht mittrauern,
Wenn er schaut die treue Mutter,
Wie sie leidet mit dem Sohn?

Für die Sünden Seines Volkes
Sah sie Jesus preisgegeben
Seiner Geißelung und Qual.
Ihren süßen Sohn, der sterbend
Ganz verlassen war – Ihn sah sie,
Da Er aufgab Seinen Geist.

Komm, du Mutter, Quell der Liebe,
Lass mich die Gewalt des Schmerzes
Fühlen, trauern auch mit dir.
Lass mein Herz in Flammen stehen
Christus, meinem Gott, zu Liebe,
Daß auch ich gefalle Ihm.

...

Sancta mater, illud agas,
Crucifixi fige plagas
Cordi meo valide.
Tui nati vulnerati,
Iam dignati pro me pati,
Pœnas mecum divide.

Fac me vere tecum flere,
Crucifixo condolere,
Donec ego vixero.
Iuxta crucem tecum stare,
Te libenter sociare
In planctu desidero.

Virgo virginum præclara,
Mihi iam non sis amara,
Fac me tecum plangere.
Fac, ut portem Christi mortem,
Passionis eius sortem
Et plagas recolere.

Fac me plagis vulnerari,
Cruce hac inebriari
Ob amorem filii.
Inflammatus et accensus,
Per te, virgo, sim defensus
In die iudicii.

Fac me cruce custodiri,
Morte Christi præmuniri,
Confoveri gratia.
Quando corpus morietur,
Fac ut anima donetur
Paradisi gloriæ.

Heil'ge Mutter, auf nun, präge
Des Gekreuzigten, des Heilands
Wunden tief ins Herz mir ein.
Er hat für mich leiden wollen!
Deines so verletzten Sohnes
Qualen teile Du mit mir.

Lass mich wahrhaft mit dir weinen,
Mit dem Herrn am Kreuze leiden,
Bis ich selbst bin auferweckt.
Mit dir unterm Kreuz zu stehen,
Gern mit dir mich zu verbinden
In der Klage, wünsche ich.

Jungfrau, aller Jungfraun Leuchte,
Sei nicht über mich erbittert,
Lasse klagen mich mit dir.
Lass mich Christi Tod ertragen,
Seines Loses, Seines Leidens,
Seiner Wunden eingedenk.

Lass, verletzt durch Seine Wunden,
Durch dies Kreuz mich trunken werden
Von der Liebe Deines Sohns.
Wenn ich glühend und entflammt bin,
Jungfrau, dann sei du mein Anwalt
An dem Tage des Gerichts.

Lass mich durch das Kreuz bewahrt sein,
Und durch Christi Tod gewappnet,
Durch die Gnade wohl bewahrt.
Und wenn dieser Leib wird sterben,
Dann lass meine Seele schauen
Paradieses Herrlichkeit.

Alfonso Maria de Liguori
1696-1787

Der Jurist, Moraltheologe, Bischof und Ordensgründer wurde heilig-
gesprochen und zum Kirchenlehrer erhoben. Sein eucharistischer
Hymnus *O Pane del Cielo* wurde von dem katholischen Priester
Edmund Vaughan (1827-1908) ins Englische übertragen und von
dem deutschstämmigen Komponisten Henri Friedrich Hemy (1818-
1888) vertont.
Meine Übersetzung ist auf Hemys Melodie singbar.

O Pane del Cielo,
Che tutto il mio Dio nascond'in quelo velo,
Io t'amo, t'adoro,
Mio caro Tesoro.
O Amante Gesù,
Per darti a chi t'ama, qual pan ti dai Tu.

O cibo vitale,
Che 'l pegno ne doni di vita immortale;
Io vivo, non io,
Ma vive in me Dio,
Che vita mi dà:
Mi pasce, mi regge, beato mi fa.

O laccio d'Amore,
Che unisci col servo l'Amato Signore:
S'io vivo e non t'amo,
Più viver non bramo,
Né viver più so,
Se non per amare Chi tanto m'amò.

O Fuoco potente,
Che accender aneli ogni core, ogni mente,
Ti cerca il mio core:
Deh vieni, o Signore,
E accendi me ancor;
S'è grande il mio ardire, più grand'è'l tuo Amor.

O amabil Saetta,
Se offesi il mio Dio, Tu fa la vendetta:
Ferisci su via
Quest'anima mia,
Che muoia per Chi
Un dì per mio amore la vita finì.

In diesem Schleier, Himmelsbrot,
Verbirgst du meinen wahren Gott;
Mein teurer Hort, ich liebe dich,
Mein liebster Jesus, du gibst dich
All jenen, die dich lieben, Gott,
In der Gestalt von schlichtem Brot.

O Lebensnahrung, du gibst mir
Das Pfand des ewgen Lebens hier;
Ich lebe nicht aus eigner Kraft,
Gott lebt in mir, der Leben schafft,
Ihm dank ich Nahrung und Geleit,
Er führt mich in die Seligkeit.

O Liebesband, vereine recht
Den lieben Herrn mit seinem Knecht:
Wenn ich nur lebe liebesleer,
Begehr ich nicht zu leben mehr,
Weil es für mich kein Leben gibt,
Lieb ich nicht den, der mich so liebt.

Du zündest, mächtger Feuerbrand,
Das Herz voll Sehnsucht, den Verstand,
Dich sucht mein Herz: Ach komm, o Herr,
Komm und entzünde mich noch mehr;
Brennt schon mein Feuer heiß und hoch,
Ist deine Liebe stärker noch.

O holder Blitz, wenn meinen Gott
Ich kränkte, tut Vergeltung not:
Auf, schlage meine Seele wund,
Sie sterbe für des Lebens Grund.
Du selber gabst dein Leben hin,
Weil du mich liebst mit Herz und Sinn.

...

Diletto mio Bene,
Che teco m'hai stretto con tante catene,
Ti dono il mio core,
O dolce mio Amore,
Tuo sempre sarò;
Te stesso m'hai dato, me stesso ti dò.

Già dunque, mio Amato,
Là in Cielo m'aspetti ad amarti svelato;
S'ì certo sper'io,
Mia vita, mio Dio.
E come mai può
Il Cielo negarmi chi Sé mi donò?

Geliebtes Gut, du bandest mich
Mit vielen Ketten fest an dich.
O süße Liebe, dir allein
Schenk ich mein Herz, dein will ich sein
Für immer, denn du gabst dich mir,
Nun will ich selbst mich geben dir.

Geliebter, du erwartest mich
Im Himmel, daß ich liebe dich
Ganz unverstellt. So wird es sein,
Das hoff' ich, Gott und Leben mein!
Verwehren kann der Himmel nicht,
Was er mir gibt und was er spricht.

Thérèse de Lisieux

Die „kleine Thérèse", die so gar keine Intellektuelle war, ist ebenso wie die große Teresa von Avila zur Kirchenlehrerin ernannt worden. Ihr *Lied vom Heute,* in dem sie so anrührend wie klar sagt, worauf es eigentlich ankommt, ist vielleicht das prägnanteste Argument für diese Entscheidung der Kirche.

Mon chant d'aujourd'hui

Ma vie n'est qu'un instant, une heure passagère
Ma vie n'est qu'un seul jour qui m'échappe et qui fuit
Tu le sais, ô mon Dieu! pour t'aimer sur la terre
Je n'ai rien qu'aujourd'hui!...

Oh! je t'aime, Jésus! vers toi mon âme aspire
Pour un jour seulement reste mon doux appui.
Viens régner dans mon cœur, donne-moi ton sourire
Rien que pour aujourd'hui!

Que m'importe, Seigneur, si l'avenir est sombre?
Te prier pour demain, oh non, je ne le puis!...
Conserve mon cœur pur, couvre-moi de ton ombre
Rien que pour aujourd'hui.

Si je songe à demain, je crains mon inconstance
Je sens naître en mon cœur la tristesse et l'ennui.
Mais je veux bien, mon Dieu, l'épreuve, la souffrance
Rien que pour aujourd'hui.

Je dois te voir bientôt sur la rive éternelle
O Pilote Divin! dont la main me conduit.
Sur les flots orageux guide en paix ma nacelle
Rien que pour aujourd'hui.

Ah! laisse-moi, Seigneur, me cacher en ta Face.
Là je n'entendrai plus du monde le vain bruit
Donne-moi ton amour, conserve-moi ta grâce
Rien que pour aujourd'hui.

Mein Lied vom Heute

Ein Nu ist mein Leben, nur eine flüchtige Stunde,
Mein Leben ein einziger Tag, der flieht und verrinnt,
Du weißt es, mein Gott! um Dich auf Erden zu lieben,
Hab ich nur das Heute!

Oh Jesus, ich liebe Dich! zu Dir strebt meine Seele,
Bleibe nur diesen Tag lang mein zärtlicher Halt.
Komm mein Herz zu beherrschen, und gib mir Dein Lächeln,
Nur für das Heute.

Was kümmert es mich, Herr, liegt die Zukunft im Dunkel?
Nein, ich kann Dich nicht um ein Morgen bitten.
Halt mein Herz rein, bedeck mich mit Deinem Schatten,
Nur für das Heute.

Meinen Wankelmut fürcht ich, denk ich an morgen,
Fühle im Herzen Trauer und Überdruss wachsen.
Doch ich wünsche, mein Gott, mir Prüfung und Leiden,
Nur für das Heute.

Bald muss ich Dich sehen jenseits des ewigen Stromes,
Göttlicher Lotse! dessen Hand mich leitet.
Durch wilde Fluten führ meinen Nachen in Frieden
Nur für das Heute.

Ach lass mich, Herr, mich bergen an Deinem Antlitz.
Dort hör ich nicht mehr eitles Lärmen der Welt.
Gib mir Deine Liebe, erhalte mir Deine Gnade
Nur für das Heute.

...

Près de ton Cœur divin, j'oublie tout ce qui passe
Je ne redoute plus les craintes de la nuit
Ah! donne-moi, Jésus, dans ce Cœur une place
Rien que pour aujourd'hui.

Pain vivant, Pain du Ciel, divine Eucharistie
O Mystère sacré! que l'Amour a produit…
Viens habiter mon cœur, Jésus, ma blanche Hostie
Rien que pour aujourd'hui.

Daigne m'unir à toi, Vigne Sainte et sacrée
Et mon faible rameau te donnera son fruit
Et je pourrai t'offrir une grappe dorée
Seigneur, dès aujourd'hui.

Cette grappe d'amour, dont les grains sont des âmes
Je n'ai pour la former que ce jour qui s'enfuit
Ah! donne-moi, Jésus, d'un Apôtre les flammes
Rien que pour aujourd'hui.

O Vierge Immaculée! C'est toi ma Douce Etoile
Qui me donnes Jésus et qui m'unis à Lui.
O Mère! laisse-moi reposer sous ton voile
Rien que pour aujourd'hui.

Mon Saint Ange gardien, couvre-moi de ton aile
Eclaire de tes feux la route que je suis
Viens diriger mes pas… aide-moi, je t'appelle
Rien que pour aujourd'hui.

Seigneur, je veux te voir, sans voile, sans nuage,
Mais encore exilée, loin de toi, je languis
Qu'il ne me soit caché, ton aimable visage
Rien que pour aujourd'hui.

An Deinem göttlichen Herzen vergesse ich alles,
Ich fürchte mich nicht mehr vor den Schrecken der Nacht.
Gib, Jesus, mir einen Ort in diesem Herzen
Nur für das Heute.

Lebendes Brot, Brot des Himmels, göttliche Speisung,
Heilges Geheimnis! das die Liebe erzeugt hat...
Wohn in meinem Herzen, weiße Hostie Jesus,
Nur für das Heute.

Wolle mich Dir vereinen, heiligster Weinstock,
Und mein schwaches Reis gibt Dir seine Frucht,
Und dann kann ich Dir eine goldene Traube schenken,
Herr, und schon heute.

Die Beere der Liebe, deren Kerne sind Seelen –
Sie zu bilden, habe ich nur den flüchtigen Tag.
Ach gib mir, Jesus, eines Apostels Flammen
Nur für das Heute.

O reine Jungfrau, du mein sanfter Stern,
Du gibst mir Jesus und vereinigst mich mit Ihm.
O Mutter, lass mich unter Deinem Schleier ruhen,
Nur für das Heute.

Mein heiliger Schutzengel, decke mich mit deinem Flügel,
Erleuchte mit deinem Feuer den Weg, dem ich folge,
Komm meine Schritte leiten... hilf mir, ich rufe dich
Nur für das Heute.

Herr, ich will Dich sehen, ohne Schleier und Wolken,
Doch noch bin ich verbannt und ersehne fern von Dir
Dein liebenswertes, mir noch verborgnes Gesicht
Nur für das Heute.

...

Je volerai bientôt, pour dire tes louanges
Quand le jour sans couchant sur mon âme aura lui
Alors je chanterai sur la lyre des Anges
L'Eternel Aujourd'hui!…

Bald schon werde ich fliegen, Dein Lob zu künden.
Wenn der Tag ohne Abend dann meiner Seele leuchtet,
Werde ich singen zum Harfenspiel der Engel
Das Ewige Heute!

C. Maude Battersby
um 1895

Die Lebensdaten der Autorin sind unbekannt. Bekannt ist von ihr nur ein Lied, das von Charles Hutchinson Gabriel (1856-1932) vertont wurde und dadurch im englischen Sprachraum populär wurde.

An Evening Prayer

If I have wounded any soul today,
If I have caused one foot to go astray,
If I have walked in my own willful way,
Dear Lord, forgive!

If I have uttered idle words or vain,
If I have turned aside from want or pain,
Lest I myself shall suffer through the strain,
Dear Lord, forgive!

If I have been perverse or hard, or cold,
If I have longed for shelter in Thy fold,
When Thou hast given me some fort to hold,
Dear Lord, forgive!

Forgive the sins I have confessed to Thee;
Forgive the secret sins I do not see;
O guide me, love me and my keeper be,
Dear Lord, Amen.

Abendgebet

Hab heute eine Seele ich verletzt,
Zum Irregehn verleitet einen Fuß,
Wählt ich aus Eigensinn den falschen Weg,
Mein Gott, vergib!

Hab ich ein leeres, eitles Wort gesagt,
Mich weggewandt von Schmerzen oder Not,
Nur um nicht selbst zu leiden an der Last,
Mein Gott, vergib!

Bin ich verkehrt gewesen, hart und kalt,
Hab ich in Deiner Hürde Schutz ersehnt,
obwohl Du wolltest, daß tapfer steh,
Mein Gott, vergib!

Vergib die Sünden, die ich Dir bekannt,
Und die verborgnen, die ich selbst nicht seh,
O führ mich, liebe mich, behüte mich,
Mein Gott, Amen.

Weitere Bücher von Claudia Sperlich bei tredition GmbH

Lass mich bekennen Deine Mandelblüte. Gedichte, 2015
Einband und Illustrationen: Doris Kollmann

Paperback   ISBN 978-3-7323-1172-9
Hardcover   ISBN 978-3-7323-1173-6
e-Book   ISBN 978-3-7323-1174-3

Archipoeta – Der Erzdichter, 2015
Paperback   ISBN 978-3-7323-7645-2
Hardcover   ISBN 978-3-7323-7646-9
e-Book   ISBN 978-3-7323-7647-6

Blogs:
https://katholischlogisch.wordpress.com/
https://hymnariumblog.wordpress.com/
https://mandelbluetenblog.wordpress.com/
https://archipoetablog.wordpress.com/

FSC
www.fsc.org
MIX
Papier | Fördert
gute Waldnutzung
FSC® C083411

Zeitfracht Medien GmbH
Ferdinand-Jühlke-Straße 7
99095 Erfurt, Deutschland
produktsicherheit@kolibri360.de